La relación entre
madre e hija
está compuesta de comprensión
profunda y apoyo
mutuo
Se cimienta en emoción y amor
enormes
No hay otra relación
en el mundo
    en la que dos mujeres son tanto
como una sola

— *Susan Polis Schutz*

Las ediciones en español
publicadas por

Blue Mountain Arts®

A mi hija, con amor,
sobre las cosas importantes de la vida
por Susan Polis Schutz

Antologías:

Aguántate
...a veces, la vida puede ser dura pero
todo saldrá bien

Cree siempre en ti y en tus sueños

El lazo que vincula a madre e hijo es para siempre

El matrimonio es una promesa de amor

En tu alma hay nobleza, hijo mío

Estos son los dones
que quisiera darte

La verdadera amistad
siempre perdura en el corazón

Lemas para vivir

Piensa pensamientos positivos cada día

Si Dios está a tu lado
...no estarás jamás a solas

Te quiero, Mamá

El amor entre madre e hija es para siempre

Una colección de Artes Monte Azul™
dedicada al lazo especial
que une a madres e hijas

Editada por Patricia Wayant

Artes Monte Azul™
Blue Mountain Arts, Inc., Boulder, Colorado

Número de tarjeta de catálogo de la Biblioteca del Congreso: 2004092479
ISBN: 0-88396-857-6

Los RECONOCIMIENTOS aparecen en la página 64.

Algunas marcas comerciales son usadas por licencia.

Hecho en los Estados Unidos de América.
Primera impresión en español: 2004

 Este libro se imprimió en papel reciclado.

Este libro está impreso en papel vergé de alta calidad, de 80 lbs, estampado en seco. Este papel ha sido producido especialmente para estar libre de ácido (pH neutral) y no contiene madera triturada ni pulpa no blanqueada. Cumple todos los requisitos de American National Standards Institute, Inc., lo que garantiza que este libro es duradero y podrá ser disfrutado por generaciones futuras.

Blue Mountain Arts, Inc.

P.O. Box 4549, Boulder, Colorado 80306, EE.UU.

Índice

El amor entre madre e hija es para siempre

El amor que compartimos como madre e hija
es un lazo eterno.
Es el amor en el presente,
entrelazado con los recuerdos del pasado
y los sueños del futuro.
Está afianzado por los obstáculos salvados
y los temores que juntas superamos.
Es el orgullo mutuo
y el saber que nuestro amor
todo lo resiste.
Es sacrificio y lágrimas,
risas y abrazos.
Es comprensión, paciencia
y fe mutua.
Es querer lo mejor
una para la otra.
Es ayudarnos cada vez
que surja la ocasión.
Es respeto, abrazos
y ternura sin igual.
Es vivir momentos juntas
y comprendernos con la mirada.
Es un amor sin condiciones
para siempre jamás.

— Barbara Cage

Lo que es una madre para su hija...

Una madre, cuando ama,
no vacila en mostrarlo.
Una madre a veces olvida
    sus propias necesidades
para atender a las necesidades ajenas.
Una madre es un refugio de amor,
sabe escuchar cuando
    por indiferencia o por prisa,
nadie presta atención.
Una madre encuentra el tiempo.
Una madre aconseja cuando se lo piden,
pero siempre con el entendimiento
de que solo se trata de consejos
dejando a la hija libre
para tomar sus propias decisiones.
Si bien en ocasiones,
madre e hija estén en desacuerdo,
una madre respeta las elecciones de su hija,
alienta sus decisiones,
y escucha sus razones.
Una madre es todo esto
y más para su hija.

— Dale Harcombe

...y lo que es una hija para su madre

Una hija es un pedacito
   de ti
que te contempla de vuelta.
Es otra oportunidad para que tú
   hagas realidad los sueños
      de tu pasado.
Es un precioso don,
   y aventuras sin fin.

Una hija es tu mejor creación.
Es la mejor amiga
   y tu experta en modas.
Es la única que sabe por qué
   te encanta el color violeta
      y detestas los nabos.

Una hija es amor sin fin,
   otorgado y recibido,
y es aprender a amarte a ti misma.
De todas las cosas
   que suceden en la vida de una mujer,
      tener una hija es la mejor.

— Brenda A. Morris

El día que empezó el amor...

Antes de que ella fuera parte de mi vida, solía
   preguntarme cómo sería tener una hija.
Entre mis esperanzas para tener a alguien para amar y
   compartir con ella se asomaban muchos temores de la
   maternidad y sus retos.
Me preguntaba si estaba en mí la fortaleza de dar tanto
   de mí misma, para cuidar de una nueva personita
   que dependería de mí para todo.
Me preguntaba si podría amar y cuidar de una
   hermosa hija tal cual lo imaginaba en mis sueños —
   completamente y sin ninguna reserva.
Cuando finalmente llegó a mi vida, supe en seguida que
   era todo cuanto yo había esperado, y más aún.
Los temores desaparecieron en el caudal de amor que me
   envolvió, y cuando la tuve en mis brazos deseé
   quedarme así para siempre.

— Linda Sackett-Morrison

La historia del amor de una madre

Meses antes de que yo naciera,
Seguramente mi madre
Pacientemente esperó y se preparó
Para mi llegada.

Por fin llegó el momento,
Y yo aparecí en su vida.
Seguro que no sabía
Todo lo que ello le significaría.

Me imagino que le quité privacidad,
Acorté sus noches,
Aumenté sus gastos,
Y drené toda su energía.

Pero a través de todo,
Siempre estuvo a mi lado
Reconfortándome y
Diciéndome que me quería.

Cuando yo tenía problemas,
Recuerdo la palmadita en la cabeza
Y sus palabras llenas de amor,
"A ver, ¿te puedo ayudar?"

Y los dolores de crecimiento
Que todos tuvimos que sufrir —
Demasiado crecida para ciertas cosas
Y demasiado chica para otras.

Yo me ofuscaba y me enojaba con el mundo.
Pero a través de todo, ella estuvo a mi lado
Reconfortándome y diciéndome que me quería.

La adolescencia debe haber sido
Lo peor de todo.
Las rebeldías la apenaban.
Debe haber derramado muchas lágrimas por mí.

A través de todo, fue
Comprensiva, leal, tierna,
Compasiva, cariñosa y dulce.

Hemos tenido desacuerdos —
Ella tenía sus opiniones y
Yo las mías.
¿Y quién sabe cuál tenía razón?

Aunque por mí pasó muchas noches en blanco,
Siempre estuvo junto a mí
Reconfortándome y
Diciéndome que me quería.

Si hubiese algo que yo pudiera desear,
Sería que mis hijos
Me amen y me respeten
Como yo a ella.

Pero más allá de todo eso,
Espero amar a mis hijos
Como ella me amó a mí
Y por siempre estar
Junto a ellos para
Decirles que los amo.

— Judy Halderman

No hay don más grande que... una hija

Nadie pudo prepararme
Para la profundidad del amor
Que para mi hija surgió en mi corazón
Desde el instante mismo en que nació.
En verdad ella es un tesoro,
Que cobijaré por el resto de mi vida.
Expresaré mi orgullo y mostraré sus talentos
Cada vez que se presente la oportunidad.
Y aunque no sé cómo puede esto ocurrir,
Con cada año que pasa
Más la amo yo.
Por siempre será mi don más preciado.

— Cheryl Barker

"Primeras veces" inolvidables

Hija querida,
la primera vez que te tuve en mis brazos
fue un momento mágico.
Recuerdo la primera vez que sonreíste;
llevo esa imagen en mi corazón.
Las veces que te columpié
en la cuna de mi ternura.
A menudo y en silencio,
me hablaste de amor con tus ojos.

No cambiaría las incontables
huellas de dedos que dejaste
por docenas de paredes inmaculadas.
Y todas las veces que la curiosidad
te llevó a mis armarios y roperos,
y tu imaginación dejó su marca,
hicieron que te amara más aún.

Me encantaba entonces tu risa cristalina,
y me encanta ahora.
Te he visto ensimismada,
y haciéndote la loquita.
He captado estados de ánimo y recuerdos
y los he bordado en mi corazón.

Cuando tú viniste a mí,
supe que cambiarías mi mundo,
pero lo que entonces no sabía
era que ganaría
una amiga para toda la vida.

— Kathryn Leibovich

$\mathcal{M}$adre, tus brazos fueron los primeros en abrazarme;
tú supiste hacerme sentir
    el centro de tu universo
al envolverme en el amparo,
    la seguridad
y la tibieza del hogar.
Tu voz fue la primera que me cantó,
me hizo sonreír y me acunó.
Tus manos fueron las primeras en protegerme;
con tus besos ahuyentaste mis temores y me consolaste
a través de fiebres y estornudos
y de la larga lista de enfermedades infantiles.
Tus dedos suaves acariciaron mi cabello
    y calmaron mis dolores y lastimaduras.
Fuiste la primera en alentarme,
aplaudirme, darme tu aprobación
y felicitarme cuando hacía algo bien.
Tú eres quien me enseñó
lo que significa amar y ser amada.

— Patricia A. Teckelt

Como madre e hija, compartimos algo muy especial

Me alegro mucho de que seamos diferentes
de muchas madres e hijas.
No somos solo familia, sino amigas de verdad.
Podemos confesarnos secretos
cualquiera que sea el tema.
Podemos compartir la risa y las alegrías,
hablar de los retos de la vida,
tratar de solucionarnos los problemas,
o tan solo saber escuchar.
Podemos contar una con la otra
más que con cualquier otro en el mundo
sabiendo que nos ayudaremos
    en cualquier circunstancia.
El amor y el apoyo que compartimos
nos brindan confianza,
valentía y fortaleza
    cuando más lo necesitamos.
Somos más que madre e hija...
somos mejores amigas.

— Barbara Cage

Mi mujer preferida

Después de pasar el día juntas,
hablamos horas por teléfono.
Siempre hay algo más que decir.

Es la única persona
con la cual puedo ir de compras
y no ponerme impaciente
si se prueba muchas cosas
ni preocuparme porque tardo mucho
en decidir entre dos vestidos.

Solo con ella aún puedo reír como una niña,
por las cosas más tontas.
No le coso el ruedo a ninguna otra
ni limpio la cocina de otra.
Si me pide algo prestado,
no se lo pido de vuelta.

Intercambiamos recetas,
chismes sobre parientes,
y rememoramos el pasado.

Cuando critica, me importa.
Sus elogios significan más
que los de las amigas.

Es la mujer preferida para estar con ella.
Estoy hablando de mi hija.

— Natasha Josefowitz

Siguiendo sus pasos

Recuerdo hace mucho tiempo
que la seguía muy de cerca.
Ella protegía cada movimiento
llevándome de la mano, y
su amor no fallaba jamás.
A medida que yo crecía de año en año,
su mano se iba abriendo para que
yo pudiera crecer y alcanzar.
Me miraba luchar y lograr
con orgullo profundo y un rezo callado.
Permitía que yo fracasara,
pero estaba junto a mí para recogerme
y compartir mis lágrimas.

Tanto es lo que aprendí de ella,
y por siempre reflexionaré en silencio,
con sonrisas y lágrimas de gratitud,
sobre nuestros momentos compartidos.
Es verdad que ya no le sigo los pasos
como cuando era pequeña;
ahora nuestros pasos van a la par mientras
camino a su lado, juntas en la amistad.
No sé si podré recompensarla
por los dones de vida que me ha dado,
pero si puedo vivir mi vida dando a
los demás tanto como ella me ha dado a mí...
estaré nuevamente siguiéndole los pasos.

— Danine Winkler

Solo hay una madre...

Cientos de estrellas en el cielo profundo,
   Cientos de conchas en la playa junto al mar
Cientos de pájaros que vuelan cantando,
   Cientos de corderos en el sol de la mañana.

Cientos de gotas de rocío que saludan el amanecer,
   Cientos de abejas en el trébol morado,
Cientos de mariposas en el verde césped,
   Pero solo hay una madre en el mundo entero.

— George Cooper

...en el mundo

Casi todas las cosas bellas de la vida vienen en pares o de a tres, por docenas y por cientos. Rosas, estrellas, atardeceres, arco iris, hermanos y hermanas, tías y primos, pero solo hay una madre en el mundo entero.

— Kate Douglas Wiggin

Juntas crecemos y aprendemos...

A lo largo de los años, contemplar cómo
mi hija crecía de la infancia a la edad
adulta me llenó de una dicha inenarrable.
Es mucho lo que me beneficié por ser su
madre y aprendí que el don más precioso
de la vida es la familia que nos rodea.

— Linda E. Knight

*L*o que más atesoro
es el amor que ha crecido
entre nosotras.
Tal vez sea porque hemos aprendido
cada una a su manera y en su tiempo
a apreciar de verdad aquello que es
verdaderamente importante en la vida.

— Elizabeth Hornsey Reeves

Hija querida,
a medida que crecías
yo iba creciendo a tu lado.

A medida que te ibas
afianzando en tu autoestima,
yo también iba ganando
*   un amor propio*
que jamás había conocido.

A medida que tú sentías la tibieza radiante
*   del amor sin condiciones,*
yo me iba envolviendo en todo aquello
que se reflejaba de ti.

A medida que tú vivías,
*   yo iba aprendiendo,*
y a medida que tus pasos se agigantaban
los míos se iban agrandando,
*   también.*

— Lynn Hall

Tenemos hermosos recuerdos de los años vividos,
pero sobre todo, de la experiencia adquirida.
En cierta forma, la adquirimos juntas.

— Susan M. Pavlis

Una madre es...

Aquella que jamás se reirá
  de tus errores,
porque tu pena es la de ella.
Aquella que está a tu lado,
nunca frente o detrás de ti.
Fuerte como un roble,
pero tan tierna como la lluvia mañanera
y tan hermosa como un atardecer.
Con una belleza eterna que jamás de desvanecerá.

— Cynthia Smith Medina

Una hija es...

Aquella que te pasa su pañuelo
al ver una película triste...
Aquella que entiende cómo puedes
pasarte dos horas de compras
y regresar con un paquetito...
Aquella que te ayuda a recordar
cómo te sentías cuando eras joven
y tu corazón estaba henchido de sueños.

— Dawn E. McCormick

❀❀ La adolescencia ❀❀

Va a la escuela secundaria.

Está enamorada.
Pasa horas hablando por teléfono,
se mira eternamente al espejo —
se peina,
se prueba prendas,
mete pañuelos en el sostén.

Está enamorada.
Se ríe incesantemente —
a menudo sin sentido alguno —
no hace sus tareas,
come bocadillos.

Está enamorada.
Se maquilla en exceso,
se agujerea el lóbulo de la oreja,
va de fiesta en fiesta,
y en general se conduce
de formas que me parecerían alocadas
si no estuviera en la escuela secundaria...

si no estuviera enamorada.

— Natasha Josefowitz

Por momentos peleamos.
Ella deseaba ser independiente
y buscaba su lugar en el mundo.
Recuerdo esos momentos, cuando trataba de
tenerla junto a mí, que siguiera siendo mi niñita,
pero bien sabía en mi corazón que era parte
de crecer en la vida para ella y para mí,
una parte de la vida que había que pasar
y que después estaríamos más cerca
una de la otra que nunca.

— Deanna Beisser

Mucho en la tensión entre madre e hija
se debe a la incapacidad para consultar
o a la incapacidad de las madres o de las
hijas de admitir el valor de lo que la otra
tiene para decir.

— Cokie Roberts

A través de
las lágrimas y la risa...

Para cada momento de dicha que
    experimente una hija,
hay un momento de dicha callada compartido
    por su madre,
y un rezo silencioso
que le da gracias a Dios por la bendición
que Él le otorgó: su niña.
Detrás de cada lágrima derramada y
    de cada pena sentida,
hay una lágrima callada y una pena callada
en la profundidad del corazón de una madre.

— Catherine I. DiGiorgio

Cada etapa diferente fue una nueva página en
nuestra vida. Mi memoria me las recuerda: fiestas
de cumpleaños, el primer día de clase, fiestas, risa,
diversiones, hasta lágrimas. Sin derramar unas
pocas lágrimas o un torrente de lágrimas en
ocasiones, no podríamos haber apreciado los arco
iris, el brillo de las estrellas, el amor, el compartir
y el cariño.

— Vicki Silvers

Hemos pasado momentos difíciles
en nuestra relación —
momentos en los cuales nuestra voluntad férrea
oscurecía el amor de nuestro corazón.
En ocasiones elegí caminos diferentes
de los que mi madre hubiera preferido,
pero ella permaneció a mi lado para guiarme
por la senda de regreso al hogar
y darme la bienvenida
en su brazos reconfortantes.

— Lori Glover

Cada vez que secó mis ojos llenos de lágrimas,
cada palabra de elogio, cada sonrisa y cada
abrazo, cada vez que me escuchó con compasión
o me aconsejó cariñosamente, más me apoyé en
el amor más seguro de todos — el amor que
solo una madre puede otorgar.

— Pamela Koehlinger

La risa llena la casa de sol.

— William Makepeace Thackeray

Por siempre
junto a ti

El amor de una madre es un amor muy especial que está siempre junto a ti cuando lo necesitas para reconfortarte e inspirarte: sin embargo, te permite seguir por tu senda. Es un corazón generoso, pleno de paciencia y compasión, que sabe perdonar y está de tu lado aunque estés errada. No hay nada que pueda reemplazarlo.

— Debra Colin-Cooke

Cuando era pequeña
dependía de mi madre
me cuidaba
cuando yo estaba enferma
me llevaba al doctor
me decía que no me preocupara
que siempre estaría junto a mí
y me cuidaría

Ahora ya he crecido
mi madre es anciana
y depende de mí
para que la cuide cuando está enferma
y la lleve al doctor
y le diga que no se preocupe
que siempre estaré junto a ella
y la cuidaré

— Natasha Josefowitz

A mi madre

Siempre estuviste pronta
a ayudarme
Siempre estuviste pronta
a guiarme
Siempre estuviste pronta
a reír conmigo
Siempre estuviste pronta
a llorar conmigo
Pero lo que más cuenta
es que tú siempre
estuviste pronta a amarme
Y por favor no dudes
que yo también
siempre te amaré

— Susan Polis Schutz

No hay nada que se le pueda comparar

Sentimiento el más tierno,
amistad la más dulce,
compartir esta intimidad,
una dicha de verdad.

Unidas en el cariño
por toda la vida,
la gratitud en mí
y la belleza en ti.

En todos nuestros días,
en nuestros dos corazones,
no hay momento alguno
en que se aparten los pensamientos.

De todo lo que se pueda considerar,
no hay nada que se pueda comparar
con el amor que pueden compartir
una madre y una hija.

— Laurel Atherton

❀❀ Las mejores amigas... ❀❀

Como madre y como hija,
por siempre hemos sido las mejores amigas.
No nos pasamos por alto;
no nos exigimos ser
sino lo que somos.
Aceptamos que en ocasiones
no seamos exactamente
como nos gustaría ser.
En todo momento creemos
la una en la otra,
y creo que por siempre
ese seguirá siendo
el eslabón más resistente de nuestra relación.
Porque somos como somos,
no solo nos apreciamos, nos respetamos,
y confiamos la una en la otra,
sino que también sabemos
aprender a valorar
el carácter único de la una y de la otra.
Por siempre agradeceré
el cariño y el amor que nos unen
como madre e hija y verdaderamente
como mejores amigas.

— Laura Medley

*A*un cuando mi hija era apenas una niña, en ocasiones nuestra relación tenía que ver más con la amistad que con el intercambio entre madre e hija. Disfrutábamos de muchas de las mismas actividades y éramos capaces de reírnos de situaciones absurdas y tontas hasta dolernos el estómago. Muchas veces era ella quien me hacía ver la otra cara de la moneda y cambiar de actitud cuando yo estaba errada.

— Barbara Cage

*E*n la vida,
tenemos suerte si podemos encontrar
una amistad sincera en quien
confiar, a quien admirar y amar.
Pero si esa persona amiga
es a la vez nuestra madre,
recibimos dos bendiciones,
y una fortuna más allá de nuestros sueños.

— Audrey Esar

Admiración mutua

Cuando yo era pequeña, solían decirme
   "Eres igualita a tu mamá".
Yo no veía el parecido, y
   negaba con la cabeza.
Ahora que soy grande, sonrío y digo,
   "Gracias"
cuando alguien menciona el parecido,
   porque en mi madre veo tantas
      cosas buenas que yo aspiro ser.
Pero no solo me ha dado
   algo de su aspecto físico, sino que
también me pasó algunos de sus
   atributos espirituales.

La admiro porque es capaz de mantener la calma
   en medio del caos
y porque da tan generosamente,
   ama tan incondicionalmente,
y sonríe tan fácilmente.
En ocasiones me miro al espejo
   con la esperanza de ver un reflejo de ella.
Mi deseo es dar a mis hijos
   lo que ella supo darme,
para que algún día me contemplen
   con igual admiración
que la que siento yo al contemplarla.

— J. L. Johnson

De mi hija aprendí cómo pensar, actuar y <u>ser</u> más
   valiente de lo que en ocasiones siento.
Esforzándome por darle el buen ejemplo a ella, tuve
   que abrirme a nuevas posibilidades diferentes, lo
   cual muchas veces me forzó a salirme de mi zona
   de amparo.
Si bien en ocasiones el proceso fue penoso, el crecimiento
   que inspiró en mí y la fortaleza que pude adquirir
   me son gratos.
Su vida amplió la mía de muchas formas maravillosas,
   donándome nuevas experiencias y relaciones que sin
   ella tal vez no hubiera tenido.
Llenó mi corazón y mi vida con más amor del que yo
   hubiera creído posible.
Su bondad inspira dicha sin fin en mí, y en ocasiones
   me pregunto cual de las dos da el mejor ejemplo.

— Linda Sackett-Morrison

❤❤ Reflejos de una y otra ❤❤

En ocasiones al mirarme en el espejo,
veo el rostro de mi madre.
Me pregunto si ella me ve a mí
cuando se mira en el espejo.

En ocasiones me oigo hablarle a mi hija,
y pienso que sueno como mi madre.
Me pregunto si las palabras que salen de mis labios
son suyas o mías.

En ocasiones, cuando mi hija está enferma o dolida,
le acaricio la mejilla o le apoyo las manos
en los hombros.
Me pregunto cómo es posible para una madre
soltar en algún momento a su hija.

En ocasiones las líneas entre nosotras se esfuman
y los lazos son tan fuertes.
Me pregunto si no habrá un hilo invisible
que nos ata...
a mi madre, a mi hija y a mí.

— Anna Marie Edwards

Tú eres el espejo de tu madre, y ella en ti
Revive el delicioso abril de su juventud.

— William Shakespeare

O hija, tan bella como tu bella madre.

— Horace

La una como la otra
La hija como la madre.

— Anónimo

Diez motivos por los cuales somos tan parecidas

Porque nos divierte que
otras mujeres tengan "mal el pelo",
y le echamos la culpa a la luz del probador
si no nos sienta un traje de baño;
Porque picamos más bocadillos
de los que deberíamos
y mucho no nos importa;
Porque perdemos la noción del tiempo
en sederías, librerías,
y tiendas con vendedores atractivos,
y a cada rato encontramos otro vestido horrible
convenciéndonos una a otra
que debemos probárnoslo;
Porque nuestras charlas en la cocina
solo han cambiado de tema y de bebida,
y probablemente mantenemos solvente
a la compañía de teléfonos;
Porque ambas creemos que los hombres
no deberían diseñar los sostenes,
y que no existen videos de ejercicios
que se puedan hacer;
Porque somos algo más que
madre e hija:
somos amigas.

— Heidi Lebauer

Estos son nuestros rezos
como madre e hija

Estos son nuestros deseos, nuestros sueños:
Que por siempre estemos más que
    juntas; que nada quiebre
    el lazo de amor que compartimos.
Que yo siempre esté junto a ti,
    y tú estés junto a mí.
Que nos escuchemos con amor.
Que compartamos las verdades y
    la ternura.
Que tengamos confianza y que sepamos hablar.
Que sepamos comprender.

Que dondequiera que vayas, estés en
    mi corazón,
y tu mano por siempre
    en la mía.

— Laurel Atherton

*D*ios todopoderoso,
soy una hija,
me desplazo lentamente más allá de mis
     necesidades cotidianas
poco a poco ya no espero ni acepto que todo
     lo hagan por mí.
Ayúdame a saber que algún día
     seré yo también una madre;
no solo para mis hijos
sino también para mi madre,
a medida que sus necesidades sean mayores
     que las mías.
Mi madre me enseñó a amar y a dar.
Que nunca lo olvide.

— Madeleine L'Engle

*S*eñor, ayúdame a ser una madre,
una madre que sea dulce y tierna,
una madre que sea firme y fuerte,
una madre que disfruta diciendo que sí,
pero que ama lo suficiente para decir que no.
Que mi fe en ti empape
todos los instantes de mi vida,
para que mi hija pueda ver y sentir
y vivir esa fe. Para que sea también la suya propia.

— Madeleine L'Engle

Cuando la hija
se convierte en madre

Durante tantos años,
no hubiera podido ni imaginar
¡que mi hija se convirtiera en madre!
Me parecía solamente
que lo mejor que podía hacer por ella
era cuidarla.
Sé que por un tiempo luché contra su
    independencia,
porque tanto me gustaba cuidar de ella.
Sin embargo ahora sé,
que darle independencia a una hija
es la más grande muestra de amor
    que puede ofrecer una madre,
porque le brinda a la hija
la oportunidad de realizar
para ella misma la dicha de ser madre.

Mis nietos me dan la dicha más grande,
y estoy tan orgullosa de mi hija —
no solo por haber tenido hijos,
sino porque es una madre maravillosa.
Ella me enseñó que
la felicidad que ahora me brinda
es tan grande como la dicha que me dio
cuando era una niña —
solo que es diferente...
de una manera maravillosa.

— Vicki Perkins

La mayor felicidad de una madre

De todas las cosas que he hecho en la vida,
sé que mi mayor alegría
viene de ser madre.
Compartir con mi hija su vida
ha sido un don incomparable,
y siempre atesoraré
cada uno de los recuerdos que hemos
creado a través de los años.
Cuando la observo disfrutando de
esa misma alegría que proporciona la maternidad
con su propia familia,
siento más orgullo y amor
de lo que nunca imaginé posible.
Me doy cuenta, una vez más,
de que ella ha bendecido mi vida
de muchas maneras —
y los momentos más valorados
son los que pasé con ella.

El momento más feliz de mi vida
fue cuando la tuve en mis brazos por primera vez,
y pude experimentar el don tan preciado
de la maternidad.
El segundo momento más feliz de mi vida
fue cuanto tuve en mis brazos a su bebé,
y pude experimentar la gran alegría
de ser abuela.

— Deanne Laura Pool

48

El amor sigue y sigue

Fuimos hijas y madres
No hace mucho.
Damos y tomamos
Y tomamos y damos
A lo largo del tiempo ducho.
El amor se pasa
Y se recibe
Para volver a pasarlo:
Una herencia preciosa
Doblemente bendecida,
Un abrigo espiritual.

Me lo pondré
Y lo atesoraré,
Así como lo recibí,
Y cuando los papeles
Vuelvan a cambiar,
Tendré lo que pueda precisar.

Que nuestro amor
Siga y siga,
Por cien mil años;
Madres a hijas,
Hijas y madres,
A través de dichas y pesares.

— theholidayspot.com

Para mi hija adulta

Me parece ayer
que te acostaba por las noches,
murmurando un rezo agradecido
porque estás en mi vida
otro día más.
No hace mucho,
poníamos tu dientecito de leche
debajo de la almohada,
y te leía cuentos de niños
hasta que te dormías en mis brazos.
Parecería que de la noche a la mañana
te convertiste en una bella joven.
Ahora te contemplo interactuar,
demostrando que una sola persona
puede marcar una diferencia en el mundo.
¡Y qué gran diferencia has marcado!
Sé que mi vida no podría nunca ser tan
plena y completa si tú no fueras
una parte tan importante de ella.
Contemplé la diferencia que tú has marcado
en la vida de otros también.
Tú tienes un don muy especial
que inspira a los demás impulsándolos
a ser lo mejor que puedan ser.
Estoy muy orgullosa de todo lo que tú haces
y espero que jamás olvides
¡que te amo de todo corazón!

— Carol Was

Cómo soltar

Soltar no es fácil. Pero ahora, cuando contemplo a mi hija — una hermosa joven mujer, de firmes convicciones y decidida a enfrentar la vida en sus propios términos — mi corazón rebasa de orgullo y dicha...

En verdad: aunque su mano se suelte de la mía, en nuestros corazones estaremos abrazadas para siempre.

— Nancy Gilliam

Los recuerdos son violetas de "no me olvides" recogidas junto a la senda de la vida, apretadas sobre el corazón en un ramo perenne.

— Clara Smith Reber

Del corazón de una hija agradecida

Madre, yo sé que ya no soy tu responsabilidad. Ya crecí... independiente... responsable de mi persona y de las consecuencias de mis acciones. Pero quiero que sepas que tú siempre estarás conmigo, en cada una de las decisiones que tome.

Estás constantemente en mis pensamientos, en mi corazón y en mi mente. Sé que mi vida es más fácil ahora porque tú fuiste tan buena conmigo. Soy más feliz, más equilibrada, con menos temores.

Tu amor y tu aprobación formaron mi destino, me alimentaron, permitieron que mis sueños se elevaran. Tu amor es el telar mismo de mi pasado que forma mi presente y entreteje mis esperanzas en el tapiz de mi futuro.

Me respaldo en las lecciones que aprendí en mi infancia, en la idea de que tú pensabas que yo era especial y en la creencia de que tuve la mejor madre del mundo. Entonces te apreciaba, pero ahora te aprecio aún más. No sé quién sería yo de no haber tenido tu influencia positiva, ni dónde estaría. Te estoy tan agradecida.

— Donna Fargo

Los deseos de una madre para su hija

Una madre desea
que su hija siempre vea
    la bondad en este mundo,
que haga su parte en ayudar a los
    menos afortunados,
que camine de la mano con aquellos
    menos talentosos,
que siga los pasos de aquellos más sabios,
que sepa sentirse igual con aquellos que son diferentes;
que sepa encontrar su camino
    en este mundo tan lleno de posibilidades;
y que sepa guiar a aquellos que se extravían.
Que sea su propia persona,
que se distinga de aquellos que son todos iguales.

Una madre desea para su hija
la autoestima para decir que no cuando haga falta
    y la fortaleza de la soledad;
que sepa amar y respetar todo
    lo que ella es y será;
que coseche los frutos de su talento,
que avance orgullosa por la senda de la vida,
que sea humilde en sus éxitos,
y que comparta en los elogios y la dicha de otros.
Pero por sobre todo, una madre desea
que su hija sea feliz.
Porque al ser feliz,
tendrá la llave que le abrirá
    todas las puertas del mundo.

— Jackie Olson

Madres e hijas comparten un lazo especial de amor

La relación entre
madre e hija
está compuesta de comprensión
profunda y apoyo
mutuo
Se cimienta en emoción y amor
enormes
No hay otra relación
en el mundo
en la que dos mujeres son tanto
como una sola

Cuando le di el ser
a mi hermosa hija
no sabía qué
relación tan especial
madre e hija podían tener
A medida que creció
empecé a comprender más
sobre ser mujer
sentí como si nuevamente
estuviera pasando por
todas las etapas de crecimiento

Sentí un impulso poderoso
de protegerla contra todo
lo que pudiese lastimarla
pero sabía que si lo hacía
ella no estaría preparada
para hacerle frente al mundo real
Por eso traté de
establecer un equilibrio
mostrándole y
explicándole
las cosas que considero
más importantes en la vida

Y la amé cada segundo
de su vida
la apoyé en todo momento
y como madre, como persona
y como amiga
por siempre
atesoraré y amaré
todo lo que ella es
mi hermosa hija

— Susan Polis Schutz

El cariñoso tributo de una hija a su madre

Gracias a ti
  Nació una hija. Se bendijo una vida. Se dieron mil abrazos.

Gracias a ti
  Una niña creció, y con ella el amor. La felicidad se filtró a través de todas las ventanas de su hogar. No hacía falta realizar esperanzas y deseos; solo ser la hija de esa madre era un sueño hecho realidad a los ojos de la niña.

Gracias a ti
  Una niña sintió que siempre la llevarían de la mano, de cerca o de lejos. El ejemplo cariñoso de una madre mostró el camino. La comprensión era como una manta tibia que la cobijaba. La niña se sintió protegida contra cualquier tormenta.

Gracias a ti
  Una adolescente creció y las estaciones se sucedieron convirtiéndose en otras estaciones especiales. Un patito feo hizo lo posible por convertirse en cisne. Era una época en la que la incertidumbre necesitaba de ciertas cosas — y su ejemplo siempre estuvo allí, tratando de iluminar cada nuevo día con el sol de la mañana.

Gracias a ti
  La hija supo que triunfaría. Recordaba toda la sabiduría. En su corazón albergaba más hermosos recuerdos que flores hay en las praderas. Cuanto más pasaba el tiempo, más se daba ella cuenta de que había recibido el don más dulce y maravilloso... el don del amor materno.

— Laurel Atherton

Si tuviéramos que hacerlo
todo de nuevo...

Hija mía, hay cosas que hice
   cuando eras pequeña
que ahora cambiaría.
Soy más fuerte y sabia ahora que entonces,
y quisiera revivir esas épocas
   y darte una infancia perfecta.
Pero a pesar de mis limitaciones,
y tal vez precisamente por esas épocas difíciles,
te has convertido en una joven mujer fuerte
   y admirable, y me has llenado de orgullo.

Es tan maravilloso poder
hablarte como a una amiga,
y ver que irradias amor y comprensión
que es la parte más importante de nuestra relación.
Me admira tu buen tino
y la profundidad de tu percepción.
Me complace dejarte ir,
sabiendo que te impondrás
y tendrás más fe en ti misma con cada día.

Es maravilloso saber que ahora
podemos apoyarnos como iguales.
Valoro tu percepción y atesoro el lazo que nos une.
Si bien no puedo deshacer las cosas que querría,
por siempre me complacerá que
las cosas que más aprecio —
   la honestidad, el amor, la integridad —
      viven y están bien dentro de ti.

— Judy McKee Howser

Mamá, tantas veces olvidé decirte gracias
por todas esas noches
de desvelo, consolándome
diciéndome que mi congoja
era tan sólo "parte del crecer",
por todas las veces que secaste
mis lágrimas por un pesar que sólo tú
sabías mitigar.
En mi infancia, no siempre me apercibí
de la importancia de todos tus favores,
pero ahora que crecí
aprendí a apreciar plenamente
todas las horas de amor que supiste dedicarme.
Aunque nada hay en el mundo
que refleje mi gratitud por todo
lo que por mí hiciste,
hay algo que puedo decirte
para expresar la importancia
que tú tienes para mí,
con las palabras que tú
me enseñaste a sentir y decir
y son, simplemente...
"Te quiero".

— Laurie Radzwilowicz

El amor entre madre e hija no tiene fin

Es el más dulce de todos los sentimientos. Está pleno de dicha y serenidad y de todas las cosas que toda familia desearía compartir. Es un sencillo beso, un abrazo o una voz en el teléfono. Las une mucho más allá del hogar.

El amor entre madre e hija habita un lugar muy especial ...donde "siempre" por siempre perdura y "por siempre jamás" jamás desaparece.

— Laurel Atherton

Reconocimientos

La siguiente es una lista parcial de autores a quienes la casa editora desea agradecer específicamente por haber otorgado su permiso para la reproducción de sus obras.

Judy Halderman por "La historia del amor de una madre." Propiedad intelectual © 2003 de Judy Halderman. Todos los derechos reservados.

Natasha Josefowitz por "Mi mujer preferida," "Va a la escuela secundaria," y "Cuando era pequeña" de NATASHA'S WORDS FOR FAMILIES. Propiedad intelectual © 1986 de Natasha Josefowitz. Todos los derechos reservados.

William Morrow, a division of HarperCollins Publishers, Inc., por "Mucho en la tensión entre..." de WE ARE OUR MOTHER'S DAUGHTERS de Cokie Roberts. Propiedad intelectual © 1998 de Cokie Roberts. Todos los derechos reservados.

Laura Medley por "Como madre y como hija, por siempre hemos sido...." Propiedad intelectual © 2003 de Laura Medley. Todos los derechos reservados.

Barbara Cage por "Aun cuando mi hija era apenas una niña...." Propiedad intelectual © 2003 de Barbara Cage. Todos los derechos reservados.

J. L. Johnson por "Cuando yo era pequeña...." Propiedad intelectual © 2003 de J. L. Johnson. Todos los derechos reservados.

Linda Sackett-Morrison por "De mi hija aprendí...." Propiedad intelectual © 2003 de Linda Sackett-Morrison. Todos los derechos reservados.

Heidi Lebauer por "Diez motivos por los cuales somos tan parecidas." Propiedad intelectual © 2003 de Heidi Lebauer. Todos los derechos reservados.

Harold Shaw Publishers por "Dios todopoderoso..." y "Señor, ayúdame a ser una madre..." de MOTHERS & DAUGHTERS de Madeleine L'Engle. Propiedad intelectual © 1997 de Crosswicks, Ltd. Utilizado con permiso de Water Brook Press, Colorado Springs, CO. Todos los derechos reservados.

Theholidayspot.com por "El amor sigue y sigue." Propiedad intelectual © 2002 de theholidayspot.com. Todos los derechos reservados.

PrimaDonna Entertainment Corp. por "Del corazón de una hija agradecida" de Donna Fargo. Propiedad intelectual © 2001 de PrimaDonna Entertainment Corp. Todos los derechos reservados.

Hemos llevado a cabo un esfuerzo cuidadoso para identificar la propiedad intelectual de los poemas publicados en esta antología, con el objeto de obtener los permisos correspondientes para reproducir los materiales registrados y reconocer debidamente a los titulares de la propiedad intelectual. Si ha ocurrido algún error u omisión, ha sido totalmente involuntario y desearíamos efectuar su corrección en ediciones futuras, siempre y cuando se reciba una notificación por escrito en la editorial:

BLUE MOUNTAIN ARTS, INC.,
P.O. Box 4549, Boulder, Colorado 80306, EE.UU.